FAMILY STORIES

Ten stories written and illustrated by ten artists

CUENTOS FAMILIARES

Diez historias contadas e ilustradas por diez artistas

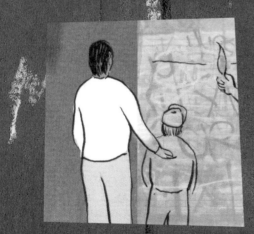

Family Stories

We all have stories about our childhood that we tell our family and friends. And there are some stories that stay with us for all of our lives. In some way they help define who we are in the world. We asked ten different artists to tell us one of their most memorable childhood stories.

Family Stories is the book that resulted from their stories and the illustrations they created to bring those stories to life.

We, at Lectura Books, hope that you enjoy these stories and keep them in your heart just as these artists have kept them for all these years.

Katherine Del Monte
Publisher
Lectura Books

Cuentos familiares

Todos tenemos historias de nuestra niñez que contamos a nuestra familia y amigos. Y hay algunas historias que se quedan con nosotros toda la vida. En cierta manera, nos ayuda a definir quién somos en el mundo. Le pedimos a diez artistas que nos contaran una de sus historias más memorables de su niñez.

Cuentos familiares es el libro que sugió de sus historias y las ilustraciones que ellos crearon para dar vida a estas historias.

Nosotros en Lectura Books esperamos que disfrute de estas historias y que las guarde dentro de su corazón al igual que estos artistas lo han hecho todos estos años.

Katherine Del Monte
Publisher
Lectura Books

The Day My Father Danced the Zapateado
Written and illustrated by María Elena Castro

I must have been eight or nine. It was Cinco de Mayo because a DJ was playing Mexican music in the junior high school cafeteria.

When the DJ started playing "El Sinaloense" my father got excited. He wanted to dance. My brother and sister who went to the school begged my father not to dance. He sadly agreed. Then, out of nowhere, a chubby Mexican woman started making her way toward the dance floor. Before you knew it, she was dancing by herself!

My father couldn't help himself and told us that it was ungentlemanly to leave a lady dancing alone. So there they were: stomping and savoring the loud banda music while ignoring the eyes of the kids and the parents.

My brother's and sister's embarrassment grew even bigger the next day when they were made fun of endlessly because the kids in the school thought it was uncool to dance a *zapateado*. From that day on I decided that if being cool meant that I had to hold back on expressing my culture then I would rather not be cool but I would have fun.

El día que mi padre bailó el zapateado
Escrito e ilustrado por María Elena Castro

Tendría yo ocho o nueve años. Era el cinco de mayo porque un animador estaba tocando música mexicana en la cafetería de la secundaria.

Cuando el animador empezó a tocar "El Sinaloense" mi padre se alborotó. Él quería bailar. Mi hermano y hermana, quienes asistían esa escuela, le rogaron a mi padre que no bailara. Él tristemente asintió. Luego, de la nada, una mujer mexicana gordita apareció y estaba avanzando hacia la pista de baile. Antes de que te dieras cuenta ¡ella estaba bailando sola!

Mi padre no pudo contenerse y nos dijo que un caballero no puede dejar a una mujer bailar sola. Entonces allí estaban: zapateando y saboreando la música de banda recia mientras ignoraban los ojos de los jóvenes y los padres.

La vergüenza de mi hermano y mi hermana aumentó aun más el día siguiente cuando los otros niños se burlaron de ellos sin cesar porque pensaron que no era popular bailar el zapateado. Desde ese día en adelante yo decidí que si para ser popular tenía que dejar de expresar mi cultura, preferiría no ser popular pero me divertiría.

Margaret the Librarian
Written and illustrated by Gronk

When I was a little boy there was a woman who worked in the library and she looked like a farmer. She wore overalls with a Pendleton shirt and she had short, cropped hair. Her name was Margaret. She saw me in the library all the time and one day she asked me, "Why are you reading everything from the As and the Bs and the Cs? You're going through the alphabet aren't you?"

I said, "Yeah. I want to know everything." She shook her head and said, "That's not how you read books. Start with the Greeks and then work your way up to the present." She was this strong woman who seemed to know everything. I've always been caught up in the world of books, and that is something I still have to this day. It's never left me. Books, for me, were an escape, and carrying a book with me all the time was very important because I could open it up and be transported from my world to other worlds.

Margaret la bibliotecaria
Escrito e ilustrado por Gronk

Cuando era niño chiquito había una mujer que trabajaba en la biblioteca que parecía campesina. Vestía pantalones de trabajo con una camisa de tela tartán y tenía el pelo corto. Se llamaba Margaret. Ella siempre me veía en la biblioteca y un día me preguntó, "¿Por qué estás leyendo todo en las letras A, B y C? Estás recorriendo todo el abecedario ¿no?"

Dije, "Sí. Quiero saberlo todo". Meneó la cabeza y dijo, "Así no se leen los libros. Empieza con los griegos y sigue avanzando hasta que llegues al presente". Era una mujer fuerte que parecía saberlo todo. A mi siempre me han facinado los libros, y es algo que ha seguido hasta la fecha. Nunca se me ha quitado. Para mi los libros eran un escape, y siempre llevar un libro conmigo era muy importante porque lo podía abrir y podía transportarme de mi mundo a otros mundos.

Sewing and Planting Life

Written and illustrated by José Ramírez

When I was a child I saw my parents create and grow life everyday.

Mi *mamá*, after working all day, would sew clothes in her sewing room. She loved it, visualizing and creating beautiful colorful works of life.

My *papá*, after working all day, would come home and work in his growing green garden. He loved it, sowing seeds, caring for the plants and harvesting the delicious fresh fruits of life.

I remember seeing these things and today when I paint I love making images of life.

Cosiendo y sembrando la vida

Escrito e ilustrado por José Ramírez

Cuando era niño vi como mis padres creaban y criaban la vida diario.

Mi mamá, después de trabajar todo el día, cosía ropa en su cuarto de coser. Le encantaba visualizar y crear obras de vida hermosas y llenas de colores.

Mi papá, después de trabajar todo el día, llegaba y trabajaba en su jardín verde y lleno de vida. Le encantaba sembrar semillas, cuidar las plantas y cosechar las frutas fresca y deliciosas de la vida.

Yo me acuerdo de ver esas cosas y ahora cuando pinto, me encanta hacer imágenes de la vida.

La Llorona
Written and illustrated by Sonia Romero

When I was little, my family and I would spend summers in a little village just outside Taos, New Mexico. Every night I went to sleep in an adobe house, surrounded by a field of alfalfa. Before bed, my mother used to tell me the story of *la llorona*, the woman who tossed her children into the river in a jealous fit and then threw herself in as well out of guilt. Now, every night *la llorona* walks along the bank of the river wailing for her lost children. If you listen very carefully you can hear that sound, and you better watch out because *la llorona* might settle for another child like you.

La llorona
Escrito e ilustrado por Sonia Romero

Cuando era chica, mi familia y yo pasábamos los verano en un pueblito no muy lejos de Taos, Nuevo México. Cada noche me dormía en una casa de adobe, rodeada de un sembrado de alfalfa. Antes de dormir, mi madre me contaba el cuento de "la llorona", la mujer que arrojó a sus hijos al río en un ataque de celos y luego se lanzó en un pozo por el remordimiento. Ahora, cada noche la llorona camina por la orilla del río lamentando la pérdida de sus hijos. Si prestas mucha atención puedes oir ese sonido, y cuidado porque la llorona tal vez se conforme con otro niño, como tú.

The Little Princess

Written and illustrated by José Lozano

Years ago I attended school in Juarez, Mexico. I remember a girl named Leticia in the second grade. She was a nice ordinary girl. Once she swallowed a tooth and I remember trying to make her laugh so she'd forget about it.

One day she was chosen as a princess for a talent show. They put up a giant photograph of her and the other princesses in the hallway. Maybe it was because the picture was so big and high on the wall but suddenly this ordinary girl looked liked a little movie star to me. I just loved looking at her picture.

The next morning she arrived with her hair in curls the size of flautas. I was tense the whole day sitting next to her. That evening the principal crowned her with a little silver crown and she looked like a real princess. I remained in the shadows with everyone else. I was delighted and awed by it all so much that I could not even clap my hands when they crowned her.

La pequeña princesa

Escrito e ilustrado por José Lozano

Hace muchos años asistí a la escuela en Juárez, México. Me acuerdo de una niña que se llamaba Leticia en el segundo año. Era una niña buena como cualquier otra. Un vez se tragó un diente y me acuerdo que la quise hacer reír para que se olvidara de el.

Un día la escogieron para ser una princesa en una función escolar. Pusieron una fotografía gigantesca de ella y de las otras princesas en el pasillo. Tal vez fue porque la foto era tan grande pero de repente esta niña sencilla parecía ser una pequeña estrella de cine.

El día siguiente en la mañana llegó con su pelo en rizos que eran el tamaño de flautas. Yo estuve nervioso todo el día, sentado al lado de ella. Esa noche, el director la coronó con una coronita de plata y parecía una verdadera princesa. Yo me quedé en las sombras con todos los demás. Estuve tan encantado y lleno de admiración que ni pude aplaudir cuando la coronaron.

The Circus Scorpion

Written and illustrated by Artemio Rodríguez

I remember when I was a child, the circus was coming to town.
"Here they come!" someone said.
My father and I climbed to the roof. I clapped my hands. "Here they come," I said. The zebras, a horse, the clowns, the dwarfs, a couple of giants and the greatest of all, the most dangerous beast in my entire world: the incredible scorpion. It was a tall as a house, as long as a bus.
His master was yelling, "Amazing, amazing, the circus is in town."
My town is small but my world was, as you can see, most definitely not.

El alacrán del circo

Escrito e ilustrado por Artemio Rodríguez

Me acuerdo que cuando era niño, el circo había llegado
"¡Allí vienen!" alguien dijo.
Mi padre y yo nos subimos al techo. Yo aplaudí. "Allí vienen", dije. Las cebras, un caballo, los payasos, los enanos, algunos gigantes y, lo mejor de todo, la bestia más peligrosa en todo mi mundo: el alacrán maravilloso. Era el tamaño de una casa e igual de largo que un camión.
Su amo gritó, "Maravilloso, maravilloso, el circo ha llegado".
Mi pueblo es pequeño pero mi mundo definitivamente, como se puede dar cuenta, no lo era.

The Magic Mural

Written and illustrated by Arturo Romo

When I was eight years old, my *papá* and I were taking a walk to the shoe store, when I saw a giant picture painted on a building.

"What's that?" I asked.

"That's a mural, *mijo*. A mural is a large picture painted on a wall for all of us to enjoy," *Papá* told me.

When I looked at the mural an amazing thing began to happen with my imagination. Images began to jump off the mural like magic—a snake, mountains, a beautiful man and woman, an ocean of deep blue water. There they were as real as anything else floating in the sky!

I wondered so many things about the mural. What could it mean? Who painted it? Why did they paint it? It made me want to become an artist.

El mural mágico

Escrito e ilustrado por Arturo Romo

Cuando tenía ocho años, vi una imagen pintada en un edificio. Mi papá y yo íbamos de paseo hacia la zapatería.

"¿Qué es eso?" pregunté.

"Eso es un mural, mijo. Un mural es una imagen grande pintada en una pared. Así todos la podemos disfrutar", me dijo Papá.

Cuando miraba el mural, una cosa maravillosa empezó a pasar con mi imaginación. Imágenes comenzaron a saltar desde el mural como por arte de magia—una culebra, montañas, un hombre bello y una mujer bella, un mar profundo de agua azul. Ahí estaban tan reales como cualquier otra cosa, ¡flotando en el cielo!

Quise saber tantas cosas sobre el mural. ¿Cuál sería su significado? ¿Quién lo pintó? ¿Por qué lo pintaron? Me hizo querer ser artista.

Checkers

Written and illustrated by Eduardo Sarabia

I was seven and visiting my grandfather in Mazatlán. The July sun was sweltering, heating the tops of our heads so hot it burned to the touch. That summer was the only time I clearly remember my grandfather's wrinkled face, his rough hands, his low voice calling me, "Lalito." Felipe, as he was known around town, taught me how to play checkers. After dinner, my grandfather and I would walk through the dusty streets and look for stray bottle caps to use as our markers. The caps jangled in my pockets, keeping beat with our footsteps all the way home. That burning summer, my *abuelo* took my bottle caps and said "King me!" more times than the sun set, and taught his grandson to follow in his footsteps.

•••

Juego de damas

Escrito e ilustrado por Eduardo Sarabia

Tenía siete años y estaba de visita con mi abuelo en Mazatlán. El sol de julio sofocaba y calentaba las coronillas de nuestras cabezas tanto que quemaba al tocarlas. Ese verano fue la única vez que me acuerdo muy claramente la cara arrugada de mi abuelo, sus manos rasposas, su voz baja que me llamaba, "Lalito". Felipe, como lo conocían en el barrio, me enseñó cómo jugar damas. Después de cenar, mi abuelo y yo caminábamos por las calles polvorientas buscando tapas de botellas que nos servían para las fichas. Las tapas sonaban en mis bolsillos, marcando el compás con nuestros pasos hasta llegar a la casa. Ese verano ardiente, mi abuelo tomó mis tapas y dijo "¡coróname!" tantas veces que perdí la cuenta; y enseñó a su nieto a seguir en los pasos de su abuelo.

A New Language
Written and illustrated by Daniel Gonzalez

When I was a little boy, I spoke only Spanish. I didn't know any other language existed until I went to school when I was five.

My first day at school, I was surprised to hear other children speak in different words that I didn't understand. My teacher, Sister Alanna, helped me understand English and my parents helped me with my homework. That's how my family learned to speak a new language.

• •

Un nuevo idioma
Escrito e ilustrado por Daniel González

Cuando era niño chiquito, sólo hablaba español. No sabía que existían otros idiomas hasta que fui a la escuela a los cinco años.

El primer día de escuela, me sorprendí cuando oí a los otros niños hablar con diferentes palabras que yo no entendía. Mi maestra, la hermana Alanna, me ayudó a entender el inglés y mis padres me ayudarón con la tarea. Así es como mi familia aprendió a hablar un nuevo idioma.

Christmas Piñata

Written and illustrated by Charles Glaubitz

When I was six years old we went to visit my grandmother in Sinaloa, Los Mochis during *Navidad*. It was my first Mexican experience of Christmas.

All of my cousins were there and we played in my *abuelita*'s courtyard next to the big ol' tree, surrounded by chickens, a rooster and a goat. I also had the chance to play with fireworks on *Noche Buena* and even got to hit a clay piñata. It was one of the best Christmas times ever.

Piñata navideña

Escrito e ilustrado por Charles Glaubitz

Cuando tenía seis años fuimos a visitar a mi abuela en Sinaloa, Los Mochis durante Navidad. Fue mi primer experiencia de una Navidad mexicana.

Todos mis primos estaban ahí y jugamos en el patio de mi abuelita a un lado del arbol muy grande, rodeado de gallinas, un gallo y un chivo. También tuve la oportunidad de jugar con fuegos artificiales en la Noche Buena y hasta me tocó pegarle a una piñata de barro. Fue una de las mejores Navidades que he pasado.

VOCABULARY

Circus • Circo

Scorpion • Alacrán

Rooster • Gallo

Goat • Chivo

Garden • Jardín

Life • Vida

Library • Biblioteca

Book • Libro

Alphabet • Abecedario

Music • Música

VOCABULARIO

School • Escuela

Roof • Techo

Photograph • Fotografía

Crown • Corona

Artist • Artista

Language • Idioma

Words • Palabras

Village • Pueblo

River • Río

House • Casa

The Artists

María Elena Castro ("The Day My Father Danced the Zapateado" / "El día que mi padre bailó el zapateado") graduated with distinction from Art Center College of Design in 2002. She was the illustrator for "Maria de Flor: A Day of the Dead Story" (Lectura Books) and currently resides in Wildomar, California.

Charles Glaubitz ("Christmas Piñata" / "Pinata navideña") lives in what has been termed the "La Línea/ The Border" inside the paradox of Tijuana, Mexico, and San Diego, California. His work reflects the strong presence of hybridism in his life. His father is a German American from Nebraska and his mother is from Los Mochis Sinaloa, Mexico. He received his BFA in illustration from San Francisco's Arts and Crafts College in 2001. He currently teaches art and illustration.

Daniel Gonzalez ("A New Language" / "Un nuevo idioma") began his formal training as an artist when he was 12 at the Academia de Arte Yepes, a free art school held in the basement of Salesian High School in East L.A. He attended the California College of Arts and Crafts where he studied graphic design. He now lives in East Los Angeles where he makes limited edition linoblock and woodcut prints.

Gronk ("Margaret the Librarian" / "Margaret la bibliotecaria") is an artist, set designer and performance artist. A co-founder of the avant-garde art collective, Asco, he was born and lives in Los Angeles. He is the director of the animated film, *Brain Flame*; and he designed the set for the Santa Fe Opera's 2005 premiere of "Ainadamar," an opera on the life of Spanish poet and playwright, Federico García Lorca, composed by Osvaldo Golijov and directed by Peter Sellars. His work has been exhibited throughout the United States, Europe and Mexico.

José Lozano ("The Little Princess" / "La pequeña princesa") was born in Los Angeles and received his MFA in 1987 from Cal State Fullerton. His work has been exhibited through the Southwest, Puerto Rico, Mexico and in New York City and he is the recipient of a California Arts Grant.

José Ramírez ("Sewing and Planting Life" / "Cosiendo y sembrando la vida") is an artist and second grade teacher who was born and lives in Los Angeles. He has illustrated several children's books including *A New Sun* (Lectura Books) and *Quinito's Neighborhood* (Children's Book Press). He received a Getty Visual Arts Fellowship in 2001.

Artemio Rodríguez ("The Circus Scorpion" / "El alacrán del circo") was born in Mexico and now resides in Los Angeles. He is the founder of La Mano Press, a fine printmaking center based in Los Angeles and is the author of *American Dream*.

Sonia Romero ("La Llorona") was born in Los Angeles in 1980 to the artists Nancy and Frank Romero. She attended the L.A. County High School for the Arts and obtained her BFA from the Rhode Island School of Design. She was a Presidential Scholar in Visual Arts and attended the European Honors Program in Rome, Italy. She now works and resides in Southern California.

Arturo Romo ("The Magic Mural" / "El mural mágico") was born in Los Angeles in 1980 and graduated with a BFA from the Maryland Institute of Art in 2002. His work is inspired by varied influences including *botánicas*, swapmeets, junkyards and empty lots.

Eduardo Sarabia ("Checkers" / "Juego de damas") was born in Los Angeles in 1976. He received a BFA from Otis College of Art and Design. His work has been shown in London, Miami, New York, Mexico, and Paris. He was part of the 51st Venice Biennale in Venice, Italy, in 2005. He currently works and lives in Los Angeles and Guadalajara, Mexico.

Los Artistas

María Elena Castro ("The Day My Father Danced the Zapateado" / "El día que mi padre bailó el zapateado") se graduó con distinción del Art Center College of Design en 2002. Ella fue la ilustradora de *María de Flor: Un cuento del día de los muertos* (Lectura Books) y actualmente reside en Wildomar, California.

Charles Glaubitz ("Christmas Piñata" / "Pinata navideña") vive en lo que se ha llegado a conocer como "La Línea/ The Border" dentro de la paradoja de Tijuana, México y San Diego, California. Su obra refleja la presencia marcada del hibridismo en su vida. Su padre es Alemán-Americano de Nebraska y su madre es de Los Mochis Sinaloa, México. Recibió su título de bellas artes con especialización en ilustración de San Francisco Arts and Crafts en 2001. Actualmente es maestro de arte e ilustración.

Daniel González ("A New Language" / "Un nuevo idioma") empezó su aprendizaje formal como artista cuando tenía 12 años en la Academia de Arte Yepes, una escuela de arte sin costo administrada en el sótano de la preparatoria Salesian en el este de Los Ángeles. Fue alumno del Califorina College of Arts and Crafts donde estudió diseño gráfico. Ahora vive en el este de Los Ángeles donde hace ediciones especiales de impresiones de grabados en linóleo y grabados en madera.

Gronk ("Margaret the Librarian" / "Margaret la bibliotecaria") es un artista, diseñador de platós, y artista conceptual. Un co-fundador de la colectiva de arte vanguardista Asco, él nació y vive en Los Ángeles. Es el director de la película animada, *Brain Flame*; y diseñó el plató para el estreno de 2005 de "Ainadamar" de la Opera de Santa Fe, una opera sobre la vida del poeta y dramaturgo español, Federico García Lorca, compuesto por Osvaldo Golijov y dirigido por Peter Sellars. Su obra ha sido exhibido extensamente en los Estados Unidos, Europa y México.

José Lozano ("The Little Princess" / "La pequeña princesa") nació en Los Ángeles y recibió su maestría en bellas artes en 1987 de Cal State Fullerton. Su trabajo se ha exhibido en el suroeste de los Estados Unidos, Puerto Rico, México y en Nueva York y recibió de una beca de California Arts.

José Ramírez ("Sewing and Planting Life" / "Cosiendo y sembrando la vida") es un artista y maestro de segundo año que nació y vive en Los Ángeles. Él ha ilustrado varios libros infantiles, entre ellos *A New Sun* (Lectura Books) y *Quinito's Neighborhood* (Children's Book Press). Él recibió la beca Getty de artes visuales en 2001.

Artemio Rodríguez ("The Circus Scorpion" / "El alacrán del circo") nació en México y ahora reside en Los Ángeles. Es el fundador de La Mano Press, un taller tipográfico de calidad en Los Ángeles y es el autor de *American Dream*.

Sonia Romero ("La llorona") nació en Los Ángeles en 1980, hija de los artistas Nancy y Frank Romero. Fue alumna de la L.A. County High School for the Arts y recibió su título de bellas artes del Rhode Island School of Design. Tuvo el honor de ser Presidential Scholar en artes visuales y asistió al Programa de Honor Europeo en Roma, Italia. Ahora trabaja y reside en el sur de California.

Arturo Romo ("The Magic Mural" / "El mural mágico") nació en Los Ángeles en 1980 y se graduó con un título en bellas artes del Maryland Institute of Art en 2002. Su obra es inspirada por varias influencias, entre ellas las botánicas, mercados, depósitos de chatarra y terrenos vacíos.

Eduardo Sarabia ("Checkers" / "Juego de damas") nació en Los Ángeles en 1976. Recibió un título en bellas artes de Otis College of Art and Design. Su obra ha sido presentada en Londres, Miami, Nueva York, México y París. Participó en el 51ª Biennale de Venecia en Venecia, Italia en 2005. Actualmente trabaja y vive en Los Ángeles y Guadalajara, México.

Publisher's Cataloging-In-Publication Data: (Prepared by The Donohue Group, Inc.)

Family Stories: ten stories written and illustrated by ten artists = Cuentos familiares : diez historias contadas e ilustradas por diez artistas.

   p. : ill. ; cm.
  ISBN: 0-9716580-7-2 (Hardcover) : $8.95
  ISBN: 0-9716580-8-0 (pbk.) : $15.95

1. Hispanic American artists—Biography—Juvenile literature. 2. Children—Family relationships—Juvenile literature. 3. Early memories—Juvenile literature. 4. Artists. 5. Hispanic Americans. 6. Family life. I. Del Monte, Katherine. II. Castro, Maria Elena, 1974- III. Glaubitz, Charles. IV. Gonzalez, Daniel, 1980- V. Gronk, 1954- VI. Lozano, Jose, 1957- VII. Ramirez, Jose. VIII. Rodriguez, Artemio, 1972- IX. Romero, Sonia. X. Romo, Arturo E., 1980- XI. Sarabia, Eduardo. XII. Title: Cuentos familiares: diez historias contadas e ilustradas por diez artistas

PS647.H58 F36 2005
808.89/868073   2005933029

Lectura Books, 1107 Fair Oaks Ave., Suite 225, South Pasadena, CA 91030
1.877.LECTURA

Printed in Singapore